Inhalt

Familienunternehmen - Auslaufmodell oder Erfolgsgarant?

Kernthesen

Beitrag

Fallbeispiele

Weiterführende Literatur

Impressum

Familienunternehmen - Auslaufmodell oder Erfolgsgarant?

M.Dengl

Kernthesen

- Familienunternehmen genießen besonders jetzt in Zeiten der Finanzkrise ein sehr positives Image. Dabei zeigen sie schon seit langem, dass sie flexibel, innovativ und weltweit wettbewerbsfähig sind, oftmals mehr als Großkonzerne.
- Auch Anleger entdecken die Familienunternehmen neu und ziehen diese den Konzernen vor. Damit entgehen den Großunternehmen Investitionen in Milliardenhöhe.
- Familienunternehmen sind inzwischen ein

unverzichtbarer Teil der Wirtschaft und auch der Gesellschaft geworden. Studien belegen, dass ihnen neben der Wirtschaftlichkeit, mehr soziale Verantwortung zugetraut wird, als den Konzernen.

Beitrag

Familienunternehmen gelten inzwischen als Erfolgsgaranten. Viele von ihnen sind international tätig, schaffen Arbeitsplätze, sind innovativ und stehen zu ihrer sozialen Verantwortung. Ihr Image ist so positiv, dass jetzt auch Anleger mittelständische Familienunternehmen neu entdecken und Milliarden investieren.

Familienunternehmen und ihre Vorteile

Die Vorteile von Familienunternehmen gegenüber Konzernen sind vielfältig. Sie gelten als schlagkräftig und effizient, da die Entscheidungswege kurz sind und die Bürokratie klein gehalten wird. Oft reicht eine Sitzung unter Einbeziehung der Eigentümer aus, um weitreichende Entscheidungen zu treffen.

Weiterhin gehen sie sorgfältig mit Geld um, da es das Familiengeld ist. Manager bei Konzernen hingegen, streben oft nur ein hohes Gehalt an, ohne die Verhältnismäßigkeit zu hinterfragen. Auch die Hemmschwelle bei risikoreichen Investitionen ist bei Konzernen niedriger, als bei Familienunternehmen, wo es um das eigene Geld geht.
Weitere positive Eigenschaften von Familienunternehmen sind ihre Beweglichkeit und Innovationskraft. Sie erkennen und besetzen in der globalisierten Wirtschaft Nischen, die für Konzerne oft uninteressant, aber für den Weltmarkt trotzdem von Bedeutung sind. (1)

Familienunternehmen genießen positives Image

Eine Studie der Universität Bremen, in Zusammenarbeit mit dem Beratungsunternehmen Nextpractice, bestätigt das positive Image der Familienunternehmen. In der Studie wurden 100 Verbraucher, Journalisten und Familienunternehmen befragt. Es galt herauszuarbeiten, welche Herausforderungen Familienunternehmen meistern müssen und wie sie wahrgenommen werden. In Zeiten der Globalisierung steigen die Unsicherheiten der Mitarbeiter und Verbraucher und Werte wie Verlässlichkeit, Vertrauen und Kontinuität gewinnen deutlich an Bedeutung. Diese Eigenschaften werden eher Familienunternehmen zugesprochen, aber nicht Konzernen. Das positive Image ist auch im Recruitingbereich, im Kampf um High Potentials von Vorteil. Als idealer Arbeitgeber und als idealer Unternehmer stellte sich der gehobene Mittelstand heraus. (2)

Anleger ziehen Familienunternehmen den Konzernen vor

Das positive Image der Familienunternehmen hat sich auch in Anlegerkreisen durchgesetzt. 35 Milliarden Dollar hat Warren Buffetts Berkshire Hathaway zur Verfügung und möchte bewusst nicht in Konzerne, sondern in hiesige, mittelständische Familienunternehmen investieren. Unter Beobachtung steht der Gex, ein Dax Ableger, der 104 familiengeführte Aktiengesellschaften beinhaltet. Eine Voraussetzung für die Aufnahme in den Gex ist, das mindestens ein Viertel des Kapitals in Gründerhänden liegt. Gex-Unternehmen sind zum

Beispiel Wacker Chemie, Solarworld und Fielmann. Buffet investiert nun bevorzugt in Familienunternehmen, da er in deren Unternehmenskultur einen Vorteil sieht. Kurze Entscheidungswege, langfristiges Denken und die Beschränkung auf Kerngeschäftsfelder gehören dazu und sind ein Garant für Erfolg. Dies wird durch eine Studie der Investmentbank Credit Suisse belegt. Diese besagt, dass Unternehmen, die mindestens zu einem Zehntel familiengeführt sind, seit 1996, Quartal um Quartal um zwei Prozentpunkte besser abschneiden, als der breite Markt. (3)

Studie belegt soziales Engagement von Familienunternehmen

Das betriebswirtschaftliche Institut der Universität Stuttgart, hat im Auftrag der Stiftung Familienunternehmen und der Bertelsmannstiftung belegt, dass Familienunternehmen ihre gesellschaftliche Verantwortung erkennen und aktiv angehen. Untersucht wurden deutsche Unternehmen ab einer Größe von mindestens 50 Millionen Euro Umsatz pro Geschäftsjahr. Rund 82 Prozent der befragten Unternehmer sehen die Gründe für ihr soziales Engagement in ethischen Aspekten, sowie in der Mitarbeitermotivation und in der Verbesserung der Arbeitsatmosphäre. (4)

Fallbeispiele

Mittelständische Familienunternehmen auf Erfolgskurs

Das Familienunternehmen Gesa Automation in Teuchern hat sich inzwischen als Porschezulieferer für Steuerungssysteme in Deutschland etabliert. Das Unternehmen ist aber auch international tätig. Es liefert Automatisierungstechnik für Saatgutanlagen in die Türkei und bestückt Kohlebandanlagen, sowohl in Deutschland wie in Kasachstan. Vor 18 Jahren wurde das Unternehmen von Ulrich Schulze gegründet, inzwischen haben die Söhne die Leitung übernommen. Gesa Automation beschäftigt 30 Mitarbeiter und 12 Ingenieure und befindet sich weiter auf Erfolgskurs. (8)

Rekordbilanz beim Unternehmen Fischer

Das Familienunternehmen Fischer stellt für die Automobilindustrie Getränkehalter, Aschenbecher, Lüftungsdüsen und Konsolen für Navigationsgeräte her. Geplant ist das Automobilzuliefergeschäft mit einem neuen Standort in den USA oder Mexiko auszubauen. Noch erwirtschaftet der Betrieb mit seinen 3 800 Mitarbeitern seinen Jahresumsatz von 545 Millionen Euro, zu zwei Dritteln aus dem Kerngeschäft mit Dübeln und Befestigungstechnik. Ziel sei ein jährliches Wachstum von mindestens acht bis zehn Prozent. (9)

Familienunternehmen Castell und seine Erfolgsstrategien

Das Familienunternehmen Castell besteht aus einer kleinen Bank, mehreren Tausend Hektar Wald und Weinbergen. Die höchste Rendite liefert die Bank, das Weingut ist der Werbeträger und der Waldbesitz garantiert Stabilität, obwohl dessen Rendite nicht so hoch ist. Insgesamt beschäftigt das Unternehmen 300 Mitarbeiter, davon 270 in der Bank. Der Erfolg des

Unternehmens, das bereits seit Jahrhunderten besteht, basiert auf einigen festen Hausgesetzen, an die sich die Eigentümer halten müssen. Ein Hausgesetz aus dem Jahre 1560 sieht die Unverkäuflichkeit des Stammgutbesitzes vor, um die Familie und den Besitz zusammen zuhalten. Ein anderes gibt an, immer nur einen Nachfolger bestimmen zu können. Auch dies dient dazu, den Besitz in der Familie zu halten. Auch die Erbfolge ist geklärt, seit Jahrhunderten erbt der älteste Sohn. Aber auch für die eventuell weichenden Geschwister wird ausreichend gesorgt. (10)

Weiterführende Literatur

(1) Stärke der Familienunternehmen
aus Rheinische Post Nr. vom 05.05.2008

(2) Müller, Anja, Familienunternehmen, Authentisch, innovativ, nachhaltig, Handelsblatt online, 11.02.2008
aus Rheinische Post Nr. vom 05.05.2008

(3) Ausgefuchste Anleger stehen auf Familienunternehmen Langfristige Performance überzeugt nicht nur Warren Buffett - Gründer sind nicht so stark im kurzfristigen Quartalsdenken verhaftet - Börsenindex Gex bündelt Familienwerte
aus DIE WELT, 20.05.2008, Nr. 116, S. 17

(4) Soziales Engagement von Familienunternehmen

aus VDI NR. 04 VOM 25.01.2008 SEITE 29

(5) Hildebrand, Erny, Firmen suchen händeringend Nachfolger, Handelsblatt online, 02.05.2008
aus VDI NR. 04 VOM 25.01.2008 SEITE 29

(6) Familienunternehmen: Verlagerung
aus Süddeutsche Zeitung, 17.04.2008, Ausgabe Deutschland, Bayern, München, S. 32

(7) O.V., Familienunternehmen, Führungsspitze fremdelt, Frankfurter Allgemeine Zeitung, 29.03.2008, Nr. 74, S. C4
aus Süddeutsche Zeitung, 17.04.2008, Ausgabe Deutschland, Bayern, München, S. 32

(8) Gesa bringt Porsche ins Rollen / Generationswechsel beim Familienunternehmen in Teuchern - International dabei
aus Mitteldeutsche Zeitung vom 21.05.2008

(9) Familienunternehmen aus dem Schwarzwald Fischer mit Rekordbilanz zum Jubiläum
aus HANDELSBLATT online 06.05.2008 17:51:39

(10) Familienunternehmen: Castell
aus Süddeutsche Zeitung, 15.05.2008, Ausgabe Deutschland, Bayern, München, S. 30

Impressum

Familienunternehmen - Auslaufmodell oder Erfolgsgarant?

Bibliografische Information der deutschen Nationalbibliothek

Die Deutsche Nationalbibliothek verzeichnet diese Publikation in der deutschen Nationalbibliografie; detaillierte bibliografische Daten sind im Internet über http://dnb.d-nb.de abrufbar.

ISBN: 978-3-7379-1240-2

© 2015 GBI-Genios Deutsche Wirtschaftsdatenbank GmbH, Freischützstraße 96, 81927 München, www.genios.de

Alle Rechte vorbehalten. Dieses Werk ist einschließlich aller seiner Teile – z.B. Texte, Tabellen und Grafiken - urheberrechtlich geschützt. Jede Verwertung außerhalb der Grenzen des Urheberrechtsgesetzes bedarf der vorherigen Zustimmung des Verlags. Dies gilt insbesondere auch für auszugsweise Nachdrucke, fotomechanische

Vervielfältigungen (Fotokopie/Mikroskopie), Übersetzungen, Auswertungen durch Datenbanken oder ähnliche Einrichtungen und die Einspeicherung und Verarbeitung in elektronischen Systemen.